Poemas al Azar

Flor de Lis Perdomo

Autora: Flor de Lis Perdomo

Editora: Yamilet González

Segundo libro, Continuación del libro

"Poemas a la Luna"

Este segundo libro va dedicado a una persona que fue muy importante en mi vida, en mi niñez, mi abuela.

Desde donde este tu alma,

Gracias por tanto amor y enseñanzas

Te amo, hoy, mañana, ¡y siempre!

"Luisa"

Yo tuve una abuela bella, que me enseñaba

que me mimaba,

con la que pasaba los días,

y jugaba a las escondidas.

Me enseñó de jardinería,

me preparó para la vida,

me educó con respeto,

me habló sobre los muertos.

Sabía que yo sería,

una gran escritora algún día.

Me contó que los gatos

son animales sagrados.

Era de espíritu fuerte,

pero sabía ser inocente.

Tras sus manos de dama

se escondía una pintora frustrada.

Hoy no está a mi lado

porque Dios la ha llamado,

pero sé que desde allá me cuida,

sé que, con su amor, ilumina mi vida.

Hoy, el tiempo con ella compartido

es el mejor regalo que he tenido;

porque todos tenemos abuelas,

pero ninguna tan espléndida.

Y para ya terminar,

te quiero mi consejo dar:

"Ama y valora a tu abuela,

cuídala, quiérela y respétala."

"El sueño americano"

Un cubo y una bayeta limpian la casa vieja.

Un gato encima del sofá recostado, evitando ser mojado.

El ruido de una olla de presión, los platos sucios sobre el fogón.

El olor de un incienso barato, un cigarro y un tabaco.

Una señora de 65 años, que aun trabaja, porque más remedio no le ha quedado.

El ruido de un televisor, y las noticias de que se acerca un ciclón.

Cuatro hijos a los que bien educo, mas muy sola hoy se quedó.

Una vela y un vaso, al lado del retrato del difunto Pancho.

Toda una vida de estrés, para terminar, vendiendo crepes.

El diploma de su posgrado, y su uniforme de cajera en Sedanos.

Dolores en todos lados, coctel de pastillas para aliviarlos.

Billes sobre la mesa, hojas con más y más cuentas.

Toda una vida de sueños, más ningún esfuerzo por cumplir ninguno de ellos.

"La Historia de Un Cubano"

Vivimos en un mundo de necios que se creen sabios, más incultos son.

Creyendo ser valientes usan armas por pura diversión.

Proyectan fuerza, pero compran drogas para aliviar las penas del corazón.

Le mienten y juegan con la persona, que les demuestra su amor.

Manejan unas mercedes blanco, y viven en casas del tamaño de balcón.

Se ahogan en deudas, deben hasta a su abuela, más nunca se pierden de un sábado en los mejores Night Clubs.

Visten cadenas que pesan más que una escalera, con manillas tan gruesas y colmillos de oro, creyendo que son de la realeza, cuando lo que dan es vergüenza.

Usan Versace, Gucci, Citizen, y Dolce Gabana, solo para llamar la atención, de aquella mujer plástica, que esta tan llena de silicona, y que se cree gran cosa, pero que no es más que una mente hueca y un frio corazón.

Van a Cuba creyéndose todos yumas gastando el dinero que pidieron prestado, para lucirse en cualquier lado, haciéndole creer a todos, que es empresario, que vive como el rey Fernando.

Mas vuelve abrumado, a pagarle al banco con grandes intereses, todo lo que gasto.

Sus fotos de Instagram dan a pensar que tiene la mejor vida, que le ha ido tan bien, que ya construyó tremendo casón en Cuba.

Mas en las noches el pobre sujeto no puede conciliar el sueño, pensando en las deudas, en que tal vez le quiten el carro y que su novia lo deje, por no ser más que un pobrete y su familia se entere, que trabaja en la construcción, que, en su cuarto barato, no le cabe más que un colchón.

Mas él se aferra a una mentira, y conoce la mala vida, y se cree que podría llegar a ser un gran vendedor, más termina en drogas, con deudas escandalosas, un tiro en la frente, pues su tumba el mismo cabo.

<u>"*Tus entrañas*"</u>

Quiero saber que es el arte, aunque sea por un instante

Para apreciar más tu cuerpo, para apreciarlo completo

Para perderme en cada trazo, y entre suspiros morderme los

Labios.

Para tocar ese cielo, ese que ansió y no tengo.

Para perderme en tus cabellos, para navegar todo tu cuerpo.

Y quiero saber que es amarte, aunque sea por un instante.

Quiero los labios besarte, y con mi amor desnudarte.

Y en otros mundos perderme, y con tu amor rencontrarme.

Y quiero a tus labios besar, aunque sea solo un beso y no sean más. Y saciar la sed que tiene mi alma por tu aroma, por tu aura.

Y comerte las entrañas, para llevarte conmigo, para no quedar en tu olvido.

"Traición"

Yo conocí a Fernando,

  buen amigo, buen hermano.

  con espíritu de empresario, sin vicios,

  sin nada raro.

  También conocí a Marina,

  la más linda, la más pícara,

  con un cuerpo bien formado,

  con su pelo súper largo.

  Además, conocí a Miguel,

  un buen hijo, un hombre de ley;

  muy amigo de Fernando,

  más que amigos, eran hermanos.

  Miguel conoció a Marina,

  la más bella mujer que vio en la vida,

  él la hizo su novia,

  y la quería como esposa.

Como amigos se presentaron

la Marina y el Fernando

a primera vista se enamoraron,

sin ninguna vergüenza se entregaron.

Sin importarles, se veían a escondidas,

pero Miguel los descubrió un día.

Casi sin palabras se quedó

ante la traición de su amigo, y de su amor.

Los echó a los dos de su vida,

sin pensarlo, con prisas.

Fernando perdió a su amigo.

y la bella Marina perdió su dignidad.

tenía tan mala fama

que todos la rechazaban.

Pasaron los años

Como pasa el señor Don Gato…

Y durante toda su vida

les enseñó Miguel a sus hijas

a respetar su cuerpo, a respetarlo completo.

Y Fernando a sus hijos enseñó,

a no traicionar a un amigo,

por una mujer, por un vicio.

Marina siguió su mala vida,

ensenándole lo mismo a sus hijas.

Vengo de tu vacío arrastrando el corazón

Y me pesa tanto porque tu amor lo destrozó…

"Eterno Alimento"

Si te vuelvo a ver algún día,

    espero que no andes con prisa

    para decirte lo que llevo por dentro,

    para que sepas que aún te quiero.

    Y mirarte fijamente,

    para conocer más tu mente,

para que tus ojos me digan

sí me quieres todavía.

Y mirar si tus manos

tiemblan, al verme sudando

y si tu voz se hace aguda

y si tu rostro se abruma.

Aún tengo la sensación

de que por tí brilla el Sol,

el Sol que alumbra mi mundo

un mundo que aún es tuyo.

No me hagas más esperar

que el corazón no resiste más.

Y es la energía que transmite tu

cuerpo, mi eterno alimento.

"Corazón Herido"

Paso las noches llorando porque herido está el corazón

Porque ya entre los dos no existe más,

Que el recuerdo de un primer amor.

Un amor inocente, un amor aun latente

Que por mucho que trato,

No te olvido ni un rato.

Has continuado tu vida sin espacio para mi

Has vuelto a sonreír, a vivir a ser feliz

Mas yo sigo estancada sin dejarte ir.

Porque, aunque viva cien mil vidas,

Se que el corazón, nunca se olvidará de ti.

"Amor Propio"

El cuerpo de un ser humano
es un divino regalo.
Cada uno tiene distinta forma
pero es perfecto para la persona.

Algunos no lo valoran,
otros, se quejas y lloran.
Pero el que es inteligente
Lo cuida, y lo quiere.

Nosotras, las mujeres,
somos bendecidas, por suerte.
Podemos darle vida a un ser humano,
sentirnos Dios por un rato.

Muchas tontas hay, llenas de complejos
que lloran por no tener un cuerpo
perfecto.
Se deprimen y sufren,
Se culpan y atormentan en vano.

Yo te digo hoy, amiga
que sin tener el mejor cuerpo
consigo en esta vida
todo lo que quiero.

Me rodean personas maravillosas
que me ama por mi persona
Todos me respetan, porque mis modales
hablan por mí,
y sin ser perfecta, soy feliz.

He dedicado años a desarrollar mi mente,

me he creado buenos hábitos.
Puedo hablar de cualquier tema,
y sé escuchar cuando deba.

No necesito de un cuerpazo,
para conquistar ningún sapo.
 Mi inteligencia habla sola,
mis conversaciones enamoran.

Un cuerpo bien formado
sólo te durará unos años.
La gravedad no se detiene
por más veces que te operes.

Aprende a amarte por fuera,
aprende a expandir tus esquemas.
Que un físico no es gran cosa
comparado con una mente maravillosa.

"Mi Reflejo"

El reflejo del espejo, a veces me da miedo.

Me mira de una manera extraña,

me hace muecas,

y tiene una risa macabra.

A veces despierto en las noches

escuchando extrañas voces

que parecen venir del espejo,

y yo me muero de miedo.

No me gusta estar sola en casa,

pues pasan cosas raras.

Sé que la del espejo,

ansía la vida que tengo.

A veces me despierto de la nada

y veo sombras en la ventana.

Ya saqué todos los espejos,

ya no uso ninguno de ellos.

Sé que no descansará,

hasta que logre mi vida usurpar.

¡Me da tanto miedo!

no quiero que robe mis sueños.

Sé que notarlo será difícil,

pues somos el mismo reflejo,

por eso escribo estas letras,

porque sólo yo escribo estos poemas.

Poemas, historias, relatos,

cuentos, y acertijos extraños.

Y tú, que dices bien conocerme,

trata a través de un poema, entenderme.

"Cuba"

Cuba, tierra en que nací, crecí, y fuí feliz,
llena de ciudades hermosas,
habitada por grandes personas.

Unes muchos corazones,
aunque los separen países, mares y flores,
millones de familias que sueñan
reencontrarse algún día en su tierra.

Bendecidos por la Caridad Del Cobre,
 vamos tras sueños y gloria;
años de separación, la nostalgia, y el gorrión.

Ambiciones que nos obligan
a dejar esa tierra divina;
isla que llevamos tatuada, los cubanos,
en el alma.

"Adiós amor"

Qué tienen las noches

que hacen que te extrañe tanto.

Qué tienen las madrugadas

que me despiertan de la nada

hablando contigo, cuando en realidad no estás.

Y qué tiene el olvido

que no me deja tranquilo,

y hace que esta angustia

de tratar de no pensarte

se alargue mucho más.

Termino tendido sobre la cama,

ahogado en lágrimas,

escuchando cómo Fonsi no se da por vencido

cuando yo estoy tan abatido

deseando no haberte perdido,

rezando porque los reyes magos

me traigan tu risa de regalo.

Y qué cobarde mi corazón

que me atormenta

para no hacerse responsable

de tanto amor que calla.

Si no puedo vivir esta vida contigo,

tampoco quiero vivirla sin ti...

    ¡Adiós, amor! ¡Adiós, mi amor!

"La Realidad de tu Amor"

Dicen los que saben, que no me involucre del todo

que me dejarás en el olvido, que sólo soy un ave de paso en tu nido.

Y me dice la abuela, que con paciencia todo llega,

que tú sí te vas a enamorar, pero que me tengo que esforzar.

Mi mamá me aconseja, que no le haga caso a la abuela,

que los amores mienten, que las personas somos dementes.

Y dice el vecino, el que siempre anda opinando sin ser requerido

que tú estás con otra, que soy una niña tonta.

En la soledad de mi cuarto escucho

cómo mi mente analiza, cómo no me tienes muy convencida,

y tus palabras me aturden, pero tus ojos no mienten

por muy frío que te portes, sé que me quieres.

Mi corazón no se calla, ya ni en la madrugada,

a altas horas me despierta, gritando tu nombre con fuerza.

Él me dice que luche, que por tu amor pelee

que tú eres un amor valiente.

Pero me alejo de todos, y al corazón mando a callar,

y ya en soledad voy viendo bien clara la realidad:

tú eres inhumano, sapo, mal educado

que me ves por ti sufriendo, y me dejas por tí muriendo.

Y no es que andes con otra,

es que no estás preparado para tener una relación

con una mujer valiente,

  con una mujer inteligente.

"Trazo Mal Hecho"

L- Dime algo...

S- Yo podría decirte tantas cosas,

y al oído contarte cómo se enciende por tì

el fuego en todo mi cuerpo,

hacerte saber en un beso

que tu amor me eleva, que tu amor me desespera,

que la hora de verte se hace eterna

aunque tú hoy no me creas.

L- ¿Y por qué te complicas tanto,

y me tienes aquí llorando,

pensando que he sido sólo un juego,

que no me echas de menos?

S-Hoy yo estoy con otra, y ella es mi esposa

y la voz me tiembla cuando la miro

y sé que tú no eres ella.

Porque te extraño demasiado,

y por haberte dejado ir, hoy estoy

pagando bien caro.

L-Pero tuviste mucho tiempo,

tiempo para pensarlo,

tiempo para dejarla.

Tú te casaste con ella,

para quién eres su estrella,

no vengas con cuentos baratos,

no seré tu amante,

vete y dile, ¡no seas cobarde!

S- Yo no podría lastimarla,

ella no tiene la culpa de nada.

L- No me vuelvas a buscar,

no me hagas perder el tiempo,

que tú no eres más que un trazo mal hecho.

Entre suspiros, pasa una noche larga.

Sin poder dormir, estoy aquí pensando en tì.

Ni la música me relaja,

ni las estrellas se apagan.

Finalmente me dormí,

me dormí pensando en tì...

Ayer te vì, te vì desde la otra acera,

caminando con tu nieta

y a tu lado, apretando bien los ojos, ví

la sombra de esa jovencita que te quiso algún día,

esa sombra que nunca más fuí.

 Te voy a dar un consejo,

si quieres, tómalo o déjalo,

no me mires más buscando

a esa Flor del pasado,

hoy quien está frente a tì, no es

una extraña,

es quien realmente siempre fuì.

Inanna luz de mi vida

No miento cuando te digo, que eres mi mayor

Alegría. Eres aún más bella que la más grande estrella.

Ni la Luna ni el Sol conquistan como tu mi corazón.

Ningún ser humano ocupará el lugar, que tú has ocupado.

Amarte como te amo, es imposible que vuelva a lograrlo.

Inanna tu eres la más bella

cosa que he visto en la vida.

Si me miras con esos ojos

yo te doy lo que me pidas.

No te pongas tu celosa

que tú eres mi única rosa

y vivo para adorarte, porque

solo tú sabes amarme.

Te quiero tanto, tanto

¡Hay amor, hay amor!

Cuando lloras me rompes el corazón

Yo no quisiera verte nunca llorando

pero por mucho que lo intento siempre

terminamos peleando.

No hay excusa para lastimar tu corazón

pero sepa que no estoy preparado para el amor.

La vida de un escritor está condenada

al desamor.

Mientras más tienen éxito mis poemas,

mayor es la pena.

Mientras más sufre el corazón,

mejor escribo yo.

"Te voy a Escribir un Poema..."

Voy a escribirte un poema

Porque no puedo tirarte una piedra

Porque no te olvida el corazón

Porque cada día más te quiero yo.

Y tal vez nunca lo leas

Tal vez ni lo entiendas

Pero se me hace un nudo

En la garganta cada vez que recuerdo tu cara

A través de poemas escribo

Escribo desde un corazón herido

Que sueña con volver a verte algún día

Que aun por ti suspira.

Aunque sigan pasando los años

Sepa que no te olvidare

Porque las raíces de nuestro amor

Han quedado arraigas fuertes en mi piel.

"Almas Blancas"

Tienes un alma obscura

Que anda en las noches

Buscando jóvenes almas

Para llevárselas.

Se las lleva al olvido

Al dolor, al martirio.

Con amor las conquista

Con amor las despedaza.

Quisiste intentarlo conmigo

Arrastrarme a tu vacío

Pero a las almas de luz

Ninguna obscuridad las puede opacar.

"Conquistar Tu Corazón"

Tengo en el monte un rosal

Que sembré para poderte conquistar

Y lo riego noche y día

Para que siempre te sonría.

Y tengo una vieja radio

Donde ponen música de Cristian Castro

y te llevo en las noches serenata

porque por ti mi vida es mágica.

Y también tengo un cuaderno

Donde te escribo muchos versos

Los escribo con amor para

Conquistar tu corazón.

Y también tengo un anillo

Para pedirte que te cases conmigo

Porque quiero ver tu sonrisa

En el rostro de nuestras hijas.

Hoy por tu amor brilla el Sol

Y un corazón baila, y canta.

La vida ya no es en blanco y negro,

Ya los sueños no se ven ajenos.

Canta una mariposa y baila un pez.

Florecen las nubes,

El mundo está al revés.

Escribe un pintor y dibuja un escritor.

Suenan las campanas,

Se derrite la escarcha.

Vuelan las aves

Y desde mi ventana contemplo tu alma.

¿Porque no me enseñas a entenderte

Para entender de la supuesta manera en la que me amas.

Estoy más que dispuesta a mirar la vida desde tu punto de vista

Y entender por qué lastimas tanto a un corazón que solo

Sabe darte amor

Que fue de ese amor

Que un día nos tuvimos

Yo sé que en el fondo de tu

Cruel corazón yo sigo siendo

Tu gran amor.

Amarte fue dolor

Pero mi abatido corazón sigue

Buscando tu amor

Porque sé que quiero muchas

Cosas en esta vida, como

También se lo que no quiero,

Y no quiero vivir sin tu amor.

Yo siempre voy a ser tu fan

Siempre te voy a soñar

Y sé que alguna vez

Veras como mi luz te mira

Nadie te va a querer tanto así

Solo un poco de tu amor pido

Porque solo tu amor me puede hacer feliz.

"Para todos los rebeldes de corazón

Homenaje a RBD"

La música salva y cura,

Cambia tu vida, tu rutina

Te lleva a un mundo de sueños

A un mundo de alegría.

RBD fue para mí, como lo

Fue para muchos,

Medicina para la depresión,

Amor infinito, hermosa sensación.

No hubiera podido yo, sin sus

Canciones resistir tanto dolor.

Cada letra la llevo en el corazón

Cada palabra, todo el amor.

Aunque nunca los conocí

Me transmiten más calma

Sus canciones, que cualquier otra

Palabra del hombre.

Han pasado muchos años

He crecido, he madurado

Pero en días de depresión

Solo su música alivia mi corazón

Tiembla todo mi mundo

Y vibra todo mi cuerpo

A veces hasta lloro de emoción

RBD, siempre estará vivo en mi corazón.

¿Tú sabes cuánto te quise?

Por si alguna vez te preguntaste

Te quise más que a mi colección

De libros rusos de los años 90

No te sientas ofendido

Que he querido más a esos libros

Que a cualquier otro ser vivo

Por si alguna vez dudaste.

Solo con mirarte surgía

De mis manos arte,

Arte para escribirte, arte para cantarte.

No sé si lo hayas alguna vez entendido

Pero yo solo le escribo a un ser querido

Y aunque le escriba a la luna, o a las

Estrellas, me inspiran tus ojos,

Me inspira tus cejas.

Y por si aun te quedan dudas

Déjame aclárate

Tu eres mi poesía, eres mi luz,

Mi inspiración.

Y te escribo libros con poemas de amor

Porque me pesa el pecho de tanto amor

Tanto, que escribiendo es la única

Manera de aliviar al corazón.

Tal vez me tome toda la vida

Calmar esta pasión

Que por ti siento yo

Pero pasarme la vida escribiéndote

Será para mí un honor

"Me Rindo"

Te quiero al oído contar un secreto

Que aun por ti arde mi pecho

Que las mariposas aun no paran.

Que no se borra de mi memoria, tu mirada.

Que el perfume de tu cuerpo

Ha quedado en mi piel impregnado

Que aun siento como tus delicadas manos

Recorren todo mi cuerpo.

Vivo en locura por tu partida

Vivo extrañándote noche y día.

No sé hasta cuándo será esta agonía.

Pero prefiero tu recuerdo, y tu mirada de amistad

A una mirada de odio

A una enemistad

Porque antes de estar en guerra contigo,

Yo bajo la cabeza y me rindo

"Carta que Nunca te di"

Tengo en mi casa un cajón

  En donde guardo todos tus recuerdos

  Los recuerdos de nuestro amor.

  Tengo en el librero una foto

  Una foto de aquella época en que te conocí

  Una foto que me recuerda, la niña que un día fui.

  Llevo en mi bolsa una carta,

  Carta que con amor te escribí,

  Carta que nunca te di.

  Y tengo en la cspalda tatuado un dragón

  Un dragón que ha vivido 1000 vidas

  Y en cada vida a buscado tu amor.

"Poemas al Azar"

Te voy a regalar un poema

Porque amor tu si vales la pena

Porque te podrán regalar cualquier cosa

Pero no palabras sinceras.

Y prefiero regalarte arte

porque el amarte me hace hacer arte

porque besarte es puro arte.

Y con amor te voy a dedicar

Todos los poemas que escribo al azar.

"Solo a ti voy a amar"

Eres más de lo había soñado

Y cada vez que estoy a tu lado

Siento que no necesito nada más.

Creo que me he enamorado.

De tus labios callados

De esa mirada, tan especial.

Por ti cruzaría mares

Pelearía con dragones

Arriesgaría mi vida por tu libertad.

Te llevaría conmigo en cada latido

En todos mis sueños

En cada despertar

Te regalaría una vida

Donde los sueños nunca acabarían.

Donde amar sería libertad

No temas chiquillo

Que tú eres el amor de mi vida

Que solo a ti yo quiero amar.

No pensé que estábamos tan mal.

Pensé que nuestra historia era real.

En un abrir y cerrar de ojos todo cambio

Se desvaneció, desapareció,

Se fue sin decir adiós.

Tu amor me abandonó.

Me muero por escuchar todas

Esas cosas que nunca me has dicho.

Me muero por volverte abrazar

Y saber qué es lo que piensas.

Que juntos venzamos todas esas

Tormentas que se interponen entre los dos.

Me muero porque sepas todo lo que pasa

Por mi mente.

Y volver a sentir ese flechazo al verte.

Esas mariposas al tocarte.

Y sentir tu respiración al besarte.

"Corazones Abandonados"

Con un lápiz y una libreta

Escribo versos a la Luna llena

Lo escribo a cualquier hora

Los escribo porque el alma llora.

No hay mejor música para el corazón

Que escuchar Te Amo

De los labios de su amor.

Pero para los corazones abandonados

Ya no existen los Te amo.

Y en los cuadernos de la escuela

He escrito tu nombre

En todas las materias.

Lo he escrito con amor

Porque tal vez algún día tú lo leas.

"La Rosa"

Caminando por la vida

Encontré un rosal lleno de espinas

Cubriéndose de ser lastimada

Había una rosa roja que lo adornaba.

Al rosal lo rodeaban animales de todos tipos

Todos querían ser amigos de la rosa

Todos esperaban a que algún día

Saliera de entre las espinas.

Todos pretendían amarla

Y en cada oportunidad la alagaban

Pero todos querían una sola cosa

El bello aroma de la rosa.

La rosa tan inocente

Salió de entre las espinas

Inundando a todos los presentes

Con su aroma divina.

Los animales tan ignorantes

Tan fríos, tan egoístas

solo hicieron lastimar

a esa rosa tan divina.

Yo la tomé de la mano

Y le escribí un verso callado

Le regale poesías

Le devolví la alegría.

Le enseñe muchas cosas

La trate con respeto

Amé y conocí su alma

Antes de amar su cuerpo

Hoy esa linda rosa

Recupero su luz propia

Tienes sus espinas bien altas

Para que nadie pueda lastimarla.

Yo tengo la oportunidad

De su aroma poder disfrutar

Porque su corazón es mío

Porque yo la quiero y la cuido

Porque antes de amar a otra persona

Nos tenemos que amar nosotras.

Todas las mujeres somos rosas

Todas bellas, todas diosas.

Que no se respetan ni se quieren

Que a cualquier tonto su corazón tiende.

Lindas y hermosas rosas.

Cuiden y reserven su aroma

Para quien de verdad las ame.

Para quien sea su aroma sea la más divina cosa.

"Bailarina"

Bailarina de paso
Del cabaret de la esquina
Que agita las plumas mientras baila
Coqueta al compás de una salsa.

Tantas capas de maquillaje
que no dejan ver tu cara
y esa ropa tan apretada
que es imposible no desearla.

Su rostro refleja historias
Pero también refleja tristeza
Abandono y soledad
Sueños rotos, ganas de llorar.

Tantas personas que van a verla bailar
Y muchas que disfrutan verla llorar.
Llora de pena porque ha perdido las fuerzas
Llora en soledad, porque ya no aguanta más.

Es muy fácil tomar un mal camino
Culpar a la vida, culpar al destino.
Tu vida la creas tú, no existe la suerte
 No existen las casualidades.

Sé fuerte y lucha por tus sueños
Que puedes obtener lo que desees

Siempre que luches por ello.

Cada vez que me siento a escribir

Me tiembla el corazón, soy feliz

Y cada vez que te escribo

Se pasan mis horas en suspiros.

Pero cómo no escribirte

Si de sólo pensarte

Florecen los jardines de inspiración

Dentro de mi corazón.

¿Sabes?,

 Hoy me levanté pensando en tì

Con el corazón aturdido

Con el alma en un hilo.

Con los sueños rotos

Por tu amor perdido.

Después de tantos años

He comprobado que tu recuerdo sigue vivo

Que me afecta la distancia entre los dos

Que se han quedado tus besos

Grabados fuertes en mi corazón.

"Cada día que pasa al despertar,

Me pregunto si algún día volverás"

"Extraño"

Extraño muchas cosas,
Pero te extraño a tì aún más.
Extraño salir corriendo
A abrazarte y decirte
 lo mucho que te había extrañado.
Extraño vestirnos iguales
Sentarnos en aquel parque
Donde los bancos eran muy fríos.

Extraño el sonido de tu voz,
Tu risa, y esas pequeñas arrugas
Que te rodeaban los ojos
Cuando reíamos juntos.
Extraño mirar a las nubes
Desde la ventana de la escuela
Y ver tu rostro, verte a tì,
E imaginar que me cuidabas

Y que tu calor siempre me acompañaba.

Extraño las noches de películas
Hablar del futuro y de los nombres de nuestros hijos
Sentados en un sillón.

Extraño amarte, besarte, tocarte.
Hoy extraño del pasado tantas cosas
Pero te extraño a tì,
 Más que a cualquier otra historia.

De vez en cuando
Vengo al pasado a buscarte
Para recordarte siempre,
Para nunca olvidarte.
Y sabiendo que me hace daño
Me encuentro a veces viviendo en el pasado.
Extraño la vida que soñé junto a tì,
Y extraño los besos que nunca te dì.

"Hay un amor que sigue enterrado en mi pecho

Por más tiempo que pasa no lo logro desprender

He tenido más historias,

Pero lo sigo buscándolo en todas las personas."

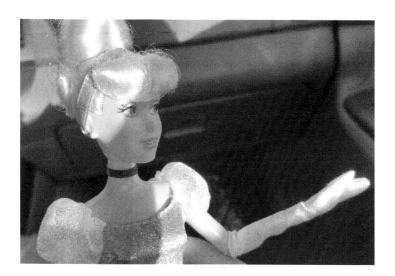

"Me enamoré de ti"

La luna llena alumbra mi rostro.
Tendido ya en la cama me miro
Y me arrepiento por cada minuto
que no estuve contigo.

Maldigo cada día en que mi orgullo
Superó al amor y no te tuve a mi lado.
Odio cada navidad, cada cumpleaños,
Y cada verano que pasé solo en casa
Por no atreverme a buscarte.

Odio las canciones de Cristian Castro
Que me recuerdan a tì.

Evito ese perfume que usabas,
Evito las películas que te gustaban
y cada pequeño recuerdo de ti.

Sigo siendo el mismo cobarde
Que conociste en abril.
Sigo creyéndome mejor que tú.
Sigo con mi mala actitud.

Y sigo añorándote, y esperando
Algún día volver a tenerte frente a mí.
Sigo siendo el mismo idiota,
Aquel que tanto negaba
Que se había enamorado de ti.

"Todo Habla de Tí"

He tratado de escribir novelas
Pero por más que intento, me quedo a medias
Porque no sé cómo escribir
Una historia de amor feliz,
Porque quiero que todas las historias

Hablen de tì.

Y así cuando las leo
Me doy cuenta de que tú estás en todas ellas,
Que termino escribiendo nuestra historia.

Que por más que trato, no te saco de mí.

Me ha costado mucho superarte
Pero ha sido en vano tratar de olvidarte.
Porque nunca te irás de mí
Porque tu recuerdo me hace feliz.

Bajo las estrellas en una noche de marzo

Le canto al mar para que se lleve mi canto.

Que se lo lleve lo más lejos que pueda

Que lo esparza en todas las fronteras.

Que no deje de navegar hasta que a tus

Manos lo haga llegar.

"Los días que amo"

Amo los martes
Porque fue un martes
Cuando me besaste,
Porque fue martes
Cuando me amaste.

Y amo los lunes
 Porque un lunes te amé
Porque un lunes te encontré
Porque cada noche de lunes
Te recuerdo cuando marcan las diez.

Y también me gustan los sábados
Porque un sábado te toqué
Un sábado te abracé,
En una noche de sábado
Mi inocencia te entregué.

Y amo todos los días,
Porque cada día disfrutaba
De tu hermosa sonrisa,
Porque tu luz estaba presente
En mi vida.

Ya no disfruto los días
Porque ya no tengo tu risa
Porque un lunes te dejé ir
Porque nunca volví a ser feliz.

Yo quisiera decirte tantas cosas

Pero quiero decírtelas a través de un poema.

Porque tu mirada me hace débil

Porque a tu lado me siento vulnerable…

"Quiero amar cada secreto de tu cuerpo

Cada arruga de tu rostro"

"Quiero tu amor solo mío"

Quiero dibujar sobre las olas un poema
Un poema que navegue por los mares
Hasta encontrar tu risa.
Un poema dulce, como la miel

Pero con sabor a canela.

Quiero que ese poema te bese
A obscuras, y te deje sin aliento.

Entonces sabré que el poema
Cumplió su propósito
Y la conciencia me dejará en paz.

"Quiero escribirte una canción"

Yo quiero escribirte una canción
Porque por tì late mi corazón
Y quiero con esta dulce melodía
Decirte que por tì daría toda mi vida.

Y con letras dulces y llenas de amor
Hacerte sentir lo que siento yo.
Besarte en el cuello en un banco del parque,
Besarte los labios, mientras muere la tarde.

Contarte al oído como mi pecho
Arde por tì, saboreando tus besos

Y sentir que tus mejillas se sonrojan
cuando tomo tus manos y me estremezco toda.

"Eres la Historia que no olvido"

Yo no sé por qué te sigo escribiendo, amor
sí me has echado de tu vida,
si ya hay alguien más por quien suspiras.

Y no sé por qué me levanto a veces
Mirando al vacío,
Soñando con tenerte.

Eres el pasado que no quiero recordar
Como también eres
La historia que no puedo olvidar.

Quisiera a veces tenerte de frente
Para ver si aún me arde el pecho
Cuando tus ojos coquetos
Me miren con anhelo.

"Consérvate Para Tí"

Una vez confié

Una vez me entregué

Y con el tiempo descubrí

El error que cometí.

No merece la pena que nadie

Conozca tu personalidad interna.

No vayan por ahí entregando

Su vulnerabilidad a cualquiera.

Desnudar tu alma ante ojos humanos

Es un regalo que debería permanecer sin abrir

Consérvate toda tú

Consérvate para tí.

"Un día más en el paraíso"

Blanco y negro hoy

Blanco y negro siempre

Con las manos, de las manos

Una mente atormentada

Ve en blanco y negro.

Un mundo lleno de basura

Un mundo que no puedo cambiar,

Las personas haciendo bulto

Para un perfume poder comprar.

Los oradores del siglo XX

Comprando la mente

De tantos inocentes

Que llegan a sentirse estafados

Al darse cuenta del engaño.

Ignorantes de cuerpo y alma,

El dinero no les compra un cerebro.

Lean libros y vayan a la escuela

Que un hablador, es hoy cualquiera.

Las parejas de hoy en día

Puro negocio, pura rutina,

Mujeres interesadas

Que aguantan maltratos, por unos buenos trapos.

Escritores sinceros

Que se mantienen en la penumbra,

Analfabetos de corazón

Posteando basura

Aparentando una falsa vida.

Un siglo más, donde los humanos

La vuelven a "embarrar "

Animales que sufren

Para que tú comas esa basura

Con la que te alimentas.

Humanos cobardes

Adolescentes madres

Golpes y gritos

Es sólo otro día más

En el paraíso.

"La Luz de la Vela"

Una vela se derrite sobre el fogón

Y miro fijamente a la luz de la vela

Su fuego es de respetar, esa llama Que la consume en pocas horas.

Y la miro con envidia

Por no poder ser ese fuego

Y lentamente consumirte completa

Y que sólo quede de tí

La ropa que llevas puesta.

Vela blanca para limpiar el alma

Que entre luz en mi alma

Que salga tanto odio, tanta rabia...

Sería mucho para tí, velita blanca...

A los demonios internos, no los asusta una vela.

Años y años de alimentarse

De lo frágil y puro del corazón.

Ya hoy, ni un incendio los hace huir del alma

Donde han construido su casa

Donde reinan sobre los sentimientos

Donde consumen mi alma.

"Los colores"

Color amarillo fino como hilo

Rojo puro como sangre

Azul como mares

Y verde como hojas de árboles.

Rojo es mi corazón

En rojo late por tu amor.

Verde es la esperanza

Que me mantiene firme a tu mirada.

Amarillo color pollito

Luz de vela, fuego fino.

Azul es el infinito cielo

Y de color azul yo te quiero.

"Poemas del Corazón"

El corazón se marchita y otro libro termina

Mas no terminan los poemas

La inspiración crece y se alimenta.

Muchas palabras para decir

Muchos poemas para escribir.

Una mente inquieta,

dones que a través de generaciones se heredan.

Manos listas para escribir

Libretas llenas de poemas,

Mas hoy me han regalado una nueva…

Datos de Contacto

Flordelis.perdomo10@yahoo.com

Instagram: flordelisperdomo

Made in the USA
Columbia, SC
21 November 2022

71337594R00063